Jochen Kosel

Die chinesischen und europäischen Stahlerzeuger im Hinblick auf protektionistische Annahmen

GRIN Verlag

Bibliografische Information der Deutschen Nationalbibliothek:

Die Deutsche Bibliothek verzeichnet diese Publikation in der Deutschen National-
bibliografie; detaillierte bibliografische Daten sind im Internet über http://dnb.d-
nb.de/ abrufbar.

Impressum:

Copyright © 2007 GRIN Verlag, Open Publishing GmbH
Druck und Bindung: Books on Demand GmbH, Norderstedt Germany
ISBN: 978-3-656-51936-2

Dieses Buch bei GRIN:

http://www.grin.com/de/e-book/196795/die-chinesischen-und-europaeischen-
stahlerzeuger-im-hinblick-auf-protektionistische

GRIN - Your knowledge has value

Der GRIN Verlag publiziert seit 1998 wissenschaftliche Arbeiten von Studenten, Hochschullehrern und anderen Akademikern als eBook und gedrucktes Buch. Die Verlagswebsite www.grin.com ist die ideale Plattform zur Veröffentlichung von Hausarbeiten, Abschlussarbeiten, wissenschaftlichen Aufsätzen, Dissertationen und Fachbüchern.

Besuchen Sie uns im Internet:

http://www.grin.com/

http://www.facebook.com/grincom

http://www.twitter.com/grin_com

RWTH Aachen
Institut für Politische Wissenschaft
Lehrstuhl für Internationale Beziehungen / Politische Ökonomie

Seminar: Internationale Wirtschaftsbeziehungen: Handels-, Finanz- und Ent-
wicklungspolitik im globalen und regionalen Kontext I
WS 2007/2008

Die chinesischen und europäischen Stahlerzeuger

im Hinblick auf protektionistische Annahmen

Vorgelegt von:

Jochen Kosel

Aachen, 18.12.2007

Einleitung

In der Theorie der Internationalen Wirtschaftsbeziehungen ist Protektionismus ein kontrovers diskutierter Mechanismus zur Beeinflussung von Märkten. Besondere Beachtung findet momentan die Kontroverse zwischen europäischen und chinesischen Stahlerzeugern, die ihren vorläufigen Höhepunkt in Anti-Dumping-Klagen bei der EU-Kommission gefunden hat. Um diesen Konflikt umfassend darzustellen, werde ich einleitend eine Übersicht über den internationalen Stahlmarkt geben, um daran anschließend einige Motive bezüglich der Anti-Dumping-Klagen auf ihre protektionismustheoretischen Inhalte zu untersuchen.

Lage auf dem Stahlmarkt

Seit 1997 ist China der größte Rohstahlproduzent der Welt. Innerhalb der letzten zehn Jahre hat die chinesische Stahlindustrie ihre Produktion auf 423 Millionen (Mio.) Tonnen gesteigert. Dies entspricht einem Zuwachs um fast 400% in der letzten Dekade und stellt ein Drittel der diesjährigen Weltstahlproduktion von 1,3 Milliarden Tonnen dar. Die historische Höchstmarke der Weltstahlproduktion aus dem Jahre 2006 konnte 2007 um 6% gesteigert werden und für 2008 wird eine weitere Steigerung prognostiziert (vgl. STURBECK 2007). 2006 ist China erstmals als bedeutender Nettoexporteur mit einem Exportüberschuss von 32 Mio. Tonnen in Erscheinung getreten. 2003 hat das Land noch 35 Mio. Tonnen eingeführt.

Die EU dagegen hat sich seit Ende 2005 vom Nettoexporteur zum Nettoimporteur von Stahl gewandelt. Das prognostizierte Stahlaußenhandelsdefizit der EU mit China wird für das Jahr 2007 bei ungefähr 21 Mio. Tonnen liegen. Laut des europäischen Stahlverbands Eurofer bedeutet dies einen Anstieg von 3300% bei Stahlimporten aus China während der letzten vier Jahre. Der EU-Stahlmarkt ist seit 2004 um 23 Mio. Tonnen gestiegen, von 172 auf voraussichtlich 195 Mio. Tonnen im Jahre 2008.

Trotz ihrer gesteigerten Produktion werden die europäischen Stahlerzeuger Marktanteile im Rohstahlsegment verlieren, da die Nachfrage auf dem Weltmarkt sowohl 2007 als auch 2008 über den europäischen Steigerungsraten liegen wird (vgl. STURBECK 2007). Diesen Marktanteilverlust wussten die europäischen Stahlproduzenten bisher durch die Vorherrschaft im Premium-Stahlsegment zu kompensieren, welches unter anderem aus feuerveredelten und nichtrostenden kaltgewalzten Blechen besteht.

Der Wandel der EU vom Exporteur zum Importeur resultiert nicht nur aus einer gesteigerten Nachfrage, sondern auch aus stark gestiegenen Importen für preiswerten chinesischen Stahl. Laut Dieter Ameling, Präsident der Wirtschaftsvereinigung Stahl, verkaufen chinesische Unternehmen ihren Stahl „in vielen Fällen […] unter den Produktionskosten". Dies sei möglich, da ungefähr 95% der Unternehmen in China staatlich sind und durch Subventionen unterstützt werden (vgl. MEINKE 2007).

Der Konflikt zwischen China und der EU

Am 29. Oktober hat Eurofer zwei Anti-Dumping-Klagen bei der EU-Kommission gegen die Einfuhren von feuerveredelten Blechen aus China und nichtrostenden kaltgewalzten Blechen aus China, Taiwan und Südkorea eingereicht. Laut Eurofer bieten chinesische Exporteure Stahl in der EU 40% unter den Preisen in China und 25% unter EU-Inlandspreisen an. Zuspruch bekommt die Stahlindustrie von der deutschen Regierung. Während Bundeskanzlerin Angela Merkel (CDU) anmerkt, „mit China müsse darüber gesprochen werden, ob alles auf Basis der WTO-Regeln geschehe", formulierte es Bundeswirtschaftsminister Michael Glos (CSU) noch deutlicher, indem er sagte: „Dumping mit staatlichen Mitteln ist etwas, das eine Branche auf Dauer nicht aushält" (BEIN 2007). Während der STAHL 2007 in Düsseldorf hat Dieter Ameling in einem Pressegespräch am 5.November die Motive für die Einreichung der Anti-Dumping-Klagen dargelegt, die es kritisch zu betrachten gilt.

China wird die Einfuhren von feuerveredelten Blechen in die EU im Zeitraum zwischen 2005 bis Ende 2007 von 178.000 auf 1,9 Mio. Tonnen gesteigert haben. Bis Ende 2009 möchte China die Kapazitäten um 12,5 Mio. Tonnen ausbauen, was 42% der EU-Kapazitäten und 50% des EU-Verbrauchs entspricht. Die Einfuhrentwicklung von nichtrostenden kaltgewalzten Blechen wird für diese Zeitspanne noch stärker ausgeprägt sein. Hierfür wird die Liefermenge von 7000 auf voraussichtlich 167.000 Tonnen ansteigen, was ein Plus von ungefähr 2300% bedeutet. Die geplanten Kapazitätserhöhungen Chinas bis 2010 in Höhe von 4 Mio. Tonnen entsprechen 80% der EU-Kapazitäten und in etwa dem EU-Verbrauch (vgl. AMELING 2007).

Sowohl feuerveredelte als auch nichtrostende kaltgewalzte Bleche sind Premiumprodukte, deren Nutzen auf lange Zeit gesichert ist. Somit ist auch die Nachfrage nach solchen Produkten gegeben. Da China bereits eine starke Position in der Rohstahlproduktion innehat, ist es sinnvoll, auch das Premiumsegment auszubauen. Hier kann man durchaus von einer Handelsgesetzgebung „als Mittel zur industriellen Erziehung" (LIST 1841: 274) sprechen. Dies bedeutet, dass der neue Industriezweig während des Aufbaus geschützt und etabliert wird, um später im freien Wettbewerb mit ausländischer Konkurrenz zu prosperieren.

Die China vorgeworfenen Dumpingspannen bei den beklagten Blechen betrügen bis zu 40% beim Export in die EU und seien nur durch massive Subventionen für die staatlichen Stahlerzeuger möglich, so Ameling. Exportsubventionen gehören zu den nicht-tarifären handelspolitischen Maßnahmen, welche „Exporteure bei Sicherung oder Ausbau ihrer Handelsmärkte unterstützen sollen" (SCHULTZ 1984:40). Laut Andreas Möhlenkamp, Hauptgeschäftsführer des Wirtschaftsverbandes der Stahl- und Metallverarbeitung, liege der Exportpreis chinesischer Anbieter in den beklagten Fällen aber über dem Preisniveau in China. Dies widerspräche dem Dumping-Tatbestand. Weiterhin führt er aus, dass China bereits in den letzten Monaten die steuerliche Bevorzugung von Stahlexporten aufgehoben und zusätzliche Exportzölle eingeführt habe, was dem Ende des Entwicklungsprozesses für junge Industrien nach List entspräche. Es ist nun Aufgabe der EU-Kommission, angemessene Regelungen zu treffen, wenn die Existenz solcher Subventionen, die ein so massives Dumping verursachen, nachgewiesen werden kann.

Den unfairen Wettbewerb, den Ameling bereits bei den Subventionen anprangert, führt er weiter aus und bemängelt den in China fehlenden Umweltschutz. Filter für Hochöfen seien zwar vorgeschrieben, würden aber aus Kostengründen abgeschaltet. Außerdem hielte sich die chinesische Regierung nicht an ihre Zusagen, die unrentablen und umweltbelastenden Kokereien und Hochöfen stillzulegen. Somit käme es zu Überkapazitäten und daraus resultierenden Exportoffensiven, die in der EU erhebliche Markanteilsverluste und Auftragsrückgänge bedingten, wodurch die Gefahr des Verlusts von Arbeitsplätzen bestünde.

Ameling hat Recht, wenn er sagt, dass die veralteten Hochöfen in China einen zu hohen CO_2-Ausstoß haben. Gerade in der Klimaschutzdebatte spielt das Argument vom unfairen Wettbewerb eine wichtige Rolle. Die auftretenden Umweltschäden sind global. Asche, Schwefel- und Stickstoffdioxide werden als Feinstaub weit über Chinas Grenzen hinaus getragen. Nur gemeinsam kann eine Lösung gegen die Klimaveränderung gefunden werden. Es ist also kontraproduktiv, wenn eine Volkswirtschaft zugunsten des eigenen Wirtschaftswachstums den Umweltschutz vernachlässigt. Obwohl China das Klima-Protokoll von Kyoto ratifiziert hat, müssen die CO_2-Emissionen nicht reduziert werden, da China als „Entwicklungsland" nicht dazu verpflichtet ist (vgl. HANIG, WÖRTZ 2007: 126, 130).

Eine Begründung für den Schutz europäischer Industrien durch das Beschäftigungsargument existiert nicht unmittelbar, da diese größtenteils im Premiumsegment mit längerfristigen Festpreisverträgen angesiedelt sind. Dies bedeutet, dass die von Ameling beklagten Exportoffensiven sich nicht direkt negativ auf die Kapazitätsauslastungen europäischer Hersteller auswirken.

Schlussbetrachtung

Die EU-Kommission steht vor einer schwierigen Entscheidung. Wenn sie entscheidet, ein Anti-Dumping-Verfahren einzuleiten, kann sie vorläufige Maßnahmen beschließen, was dem Bestreben der Stahlhersteller zum Schutz des europäischen Marktes entspräche. Durch diese Maßnahmen könnte die EU auch den umweltpolitischen Druck auf China erhöhen, da durch sinkende Absätze in der EU die Rentabilität der veralteten Hochöfen in China weiter sänke und diese stillgelegt würden.

Allerdings gibt es auch Gründe, die gegen die Einleitung eines Verfahrens sprechen. Bei staatskontrollierten Wirtschaftsunternehmen ist die Preistransparenz nicht so hoch wie bei anderen Unternehmen, was das Erbringen eines Nachweises für Dumping erschwert. Außerdem müssen die Interessen der 7 Millionen Beschäftigten der europäischen stahlverarbeitenden Industrie berücksichtigt werden, deren Wettbewerbsfähigkeit im internationalen Handel durch Importzölle oder künstliche Verknappungen eingeschränkt werden könnte. Des Weiteren sind die Folgen von Handelsbeschränkungen gegen eine der schnellstwachsenden Volkswirtschaften kaum abschätzbar. Die Gefahr eines Handelskrieges zwischen China und der EU über den Stahlsektor hinaus stiege durch diese Handelsbeschränkungen an. Außerdem sollten auch die gravierenden Auswirkungen der Schutzzölle, die die USA vor 5 Jahren im Stahlsektor gegen die EU verhängt hatten, beachtet werden. Diese hatten den Verlust von insgesamt 200.000 Arbeitsplätzen und, laut einer Studie des Institute of International Economics (IIE), Mehrkosten für die stahlverarbeitende Industrie in Höhe von 120 Milliarden US-Dollar zur Folge. Dieses Beispiel aus der jüngsten Vergangenheit zeigt die negativen Auswirkungen protektionistischer Maßnahmen.

Literatur

Bein, Hans-Willy: Stahlharter Konflikt, in: Das Parlament, Nr. 47, 2007, S. 9.

List, Friedrich: Das nationale System der politischen Ökonomie, Jena 1950.

Mankiw, Nicholas Gregory: Grundzüge der Volkswirtschaftslehre, Stuttgart 2004.

Schultz, Siegfried: Der neue Protektionismus – Merkmale, Erscheinungsformen und Wirkungen im industriellen Bereich, in: Vorstand des Arbeitskreises Europäische Integration e.V. (Hrsg.): Neuer Protektionismus in der Weltwirtschaft und EG-Handelspolitik, Baden-Baden 1984.

Sturbeck, Werner: Klasse statt Masse, in: Frankfurter Allgemeine Zeitung, Nr. 228, 2007, S. 25.

Wörtz, Tilman, Hanig, Florian: China – Der schwarze Riese, in: GEO, Nr. 11, 2007, S. 110 – 138.

Internet

Ameling, Dieter: Dynamischer Stahlmarkt vor neuen Herausforderungen, online im Internet <http://www.stahl-online.de/medien_lounge/Vortraege/PKSTAHL2007neu051107.pdf>, 5. November 2007, [zugegriffen am 23.11.2007].

Meinke, Ulf: Chinas Dumping-Politik: Stahl-Industrie will Härte zeigen, online im Internet <http://www.wz-newsline.de/sro.php?redid=178407>, 8. Oktober 2007, [zugegriffen am 26.11.2007].

Oldag, Andreas: Zölle wider alle Vernunft, online im Internet <http://www.sueddeutsche.de/wirtschaft/artikel/378/21357/>, 12. November 2003, [zugegriffen am 24.11.2007].